LES BORDS DE LA RIVIÈRE CLAIRE (TONKIN)
(Croquis fait sur place par Gorcy.)

NOS INSTITUTIONS EN INDO·CHINE

Le récit qu'on lira plus loin complète celui que nous devons à M. Garcin sur les Muongs (voir *Bibliothèque illustrée des Voyages*, n° 5). C'est un épisode dramatique de notre conquête du Tonkin. Quoiqu'il date déjà de quelques années (il a été publié en 1891) il n'a rien perdu de son intérêt émouvant ni même de son actualité. En terminant le volume remarquable auquel il est emprunté, l'auteur disait :

« Maintes fois mon esprit s'est envolé vers ce peuple muong au milieu duquel j'ai vécu plus d'un an ; j'ai revu Ba-Maï, dans sa grande case de La-Han, je l'ai revu suivant les gorges sauvages, à la tête de ses montagnards courageux et fiers qui, le fusil à la main, sautent de roche en roche, sur le bord d'un torrent, et j'ai songé à tout le parti que nous pourrions tirer de ces hommes. L'exemple donné par le colonel Pennequin, nous devons le suivre partout. Exerçons sur les montagnards un protectorat très large ; laissons à leurs chefs l'autorité qu'ils possèdent depuis longtemps, autorité que le peuple accepte d'autant plus volontiers qu'elle est paternelle. Ne permettons pas surtout aux mandarins annamites de venir, à l'abri de nos armes, pressurer des populations qu'ils méprisent bien à tort et qui éprouvent pour eux une haine séculaire. Ces montagnards, jaloux de leur indépendance, détestent les Chinois, détestent les Annamites, détestent les Siamois. Cherchons à nous faire aimer d'eux, sans cesser de nous faire respecter ; et lorsque, sous notre protection, les Muongs, fortement constitués en une sorte d'État fédératif, pourront s'opposer au passage des pillards chinois, les riches campagnes du delta, voisines des montagnes, seront à l'abri de tout ravage. Les hautes vallées si fertiles, dont les forêts, les carrières et les mines nous offrent tant de richesses non encore exploitées, le seront alors par nos colons, mieux placés sous la seule sauvegarde des indigènes. »

Et M. Garcin ajoutait :

« C'est en s'inspirant de ces considérations que l'on reconstitue en ce moment la province de Cho-Bo. On laisse aux Muongs leur organisation séculaire ; ils formeront une sorte de confédération de tribus parmi lesquelles seront choisis les fonctionnaires chargés de leur servir d'inter-

99

médiaire avec le résident. On a placé à la tête de la province un chef muong qui nous a déjà rendu de grands services. Il aura sous ses ordres un autre chef de même race qui sera chargé du commandement des milices montagnardes; celles-ci ne seront composées que de Muongs. »

La mesure était à la fois sage et prévoyante. Nous n'avons en effet, dans le nord du Tonkin, pas seulemement à prendre des garanties et des précautions contre ces ennemis qui n'ont pas désarmé, par ce qu'ils haïssent notre race européenne et ne voient en nous que des envahisseurs; mais nous sommes intéressés à faire disparaître jusqu'au dernier ces pirates que nous avons eu à combattre au prix de nombreux sacrifices, et qui, refoulés par nos armes, ont trouvé un refuge dans les montagnes ou au delà de la frontière dans le Yunnan. Là surtout subsiste le foyer des hostilités qui ne tarderaient pas à nous surprendre si nous n'étions constamment sur nos gardes. Ce qui s'est passé tout dernièrement à Mong-Tsé en est la preuve. Les ouvriers des mines d'étain de Cô-Tchéou, voisines de Mong-Tsé, ont envahi de nuit cette dernière localité et s'y sont livrés à des actes de violence et à des menaces de mort contre nos nationaux qui faisaient partie d'une mission scientifique chargée d'étudier le tracé du chemin de fer de pénétration dans le Yunnan.

« Vers minuit, dit un correspondant de journal, les Français, dont le
« plus grand nombre étaient logés au consulat, entendirent des cris furieux
« mélés aux appels précipités du tam-tam; de nombreux coups de feu
« retentirent. Presqu'en même temps, on vit le bâtiment de la Douane, à
« peu près contigu à celui du consulat, s'éclairer de lueurs d'incendie.
« Les assaillants venaient d'y mettre le feu avec des étoupes imbibées de
« pétrole. Les Français essayèrent de mettre le consulat en état de
« défense, mais la position était fort critique, car les rebelles escaladaient
« déjà les murs d'enceinte, en tirant de nombreux coups de feu et en
« poussant de furieux cris : *Bia! Bia!* (Tuons-les! Tuons-les!). Les assié-
« gés jugèrent bon d'aller chercher un refuge du côté de la demeure du
« Tao-Taï, mais ils faillirent tout d'abord être victimes d'une méprise.
« Les soldats réguliers chinois, à qui l'alarme était donnée, voyant venir
« à eux ces gens dans la nuit les prirent pour des pirates et tirèrent sur
« eux. Fort heureusement, ils n'atteignirent personne. Tout le consulat
« fut pillé, saccagé, le feu mis à la Chancellerie. Le Tao-Taï donna aux
« Français pour abri une grande pagode, située en lieu sûr, bien défen-
« dable et la fit entourer de soldats réguliers. Cependant la situation
« était inquiétante, des nouvelles annoncèrent qu'un convoi de vingt
« mille piastres envoyées par la banque de l'Indo-Chine aux membres de
« la Mission d'études venait d'être pillé par les brigands à cinq kilo-
« mètres de Mong-Tsé! Un Malabar, un boy saïgonnais, et un autre Anna-
« mite qui l'accompagnaient avaient été massacrés. On avait apporté à
« Mong-Tsé leurs cadavres percés de coups de lance. On apprenait aussi
« que le Tao-Taï lui-même, coupable d'avoir protégé les Français, avait
« failli être assassiné. Des gens armés de revolvers venaient d'être trouvés
« cachés dans sa demeure. Bientôt cependant des troupes nombreuses de
« réguliers étaient envoyées de Yun-nan-Sé, d'après les ordres du vice-
« roi et vinrent renforcer la garde de Mong-Tsé. Leur nombre était d'en-
« viron un millier tous armés de bons Winchester. Mais le Tao-Taï n'en
« déclarait pas moins que le retour des Français au Tonkin, à travers une
« région troublée, n'était pas sans danger. Il s'opposait à leur départ au

« nom de sa propre responsablité. Les trente-cinq Européens, dont le
« consul de France, M. de la Batie, demeurèrent donc quatorze jours
« enfermés dans la pagode, et, pour ainsi parler, prisonniers des troupes
« régulières mêmes qui les protégeaient. A la nouvelle des premiers évé-
« nements, deux compagnies de la légion étrangère avaient été envoyées
« de Lao-Kay à notre extrème frontière (Lang-Pô) prètes à toutes les
« éventualités. Mais la prudence empêchait qu'on les fît pénétrer sur le
« territoire chinois. Il fallait à tout prix prévenir jusqu'à nouvel ordre
« un choc possible de nos troupes avec des réguliers et les graves compli-
« cations politiques qui auraient pu en résulter. Enfin, les Européens
« accompagnés d'une forte escorte de réguliers fournie par le Tao-Taï et
« bien armés sortirent de Mong-Tsé, gagnèrent Man-Haï, et de là Lao-Kay,
« d'où ils vinssent pour Hanoï. »

Evidemment il ne faut pas s'exagérer la portée de ces faits. C'est ce que
l'on est convenu d'appeler un incident de frontière et ce que l'on pourrait
nommer aussi un coup de grisou social, transformant un mécontentement
d'ouvriers en rébellion. Ce qui justifie cette explication, c'est que le pil-
lage a commencé par la mise à sac de la douane chinoise et que la
traînée de poudre n'a gagné le consulat de France qu'après cette attaque
contre les autorités de Mong-Tsé qui sont des mandarins, relevant de
Pékin. Suivant d'autres versions les insurgés auraient craint que les
étrangers ne vinssent s'emparer des mines.

Cependant, tout en réduisant l'événement à ses vraies proportions,
il implique une leçon qu'il convient de ne pas perdre de vue. Les
pillards savaient que les étrangers étaient des Français et leurs *bia! bia!*
avaient, précisément à cause de celà, des accents de haine féroce contre
des gens paisibles, des savants, auxquels ils n'auraient témoigné aucune
animosité s'il s'était agi d'Allemands ou d'Anglais. Pourquoi? Tout sim-
plement parce que pour les mécontents, — et il y en a toujours, même
dans les vieilles nations d'Europe — la France est l'ennemie.

Ces ferments qui se développent dans le Yunnan, tout près de notre
territoire Indo-Chinois, se transporteraient dans nos possessions si l'on
n'y veillait activement. On peut prévoir qu'ils diminueront et disparaîtront
à la longue quand avec nos importations par la voie ferrée entreront dans
le Céleste Empire nos idées, quand s'y asseoira cette conviction que nous
ne poursuivons plus une œuvre de conquête mais une œuvre économique.

Qu'on ne s'y trompe pas pourtant. En Asie comme en Afrique l'œuvre
de la civilisation est et sera forcément lente. Contrairement à ce que l'on
croit en général, une conquête coloniale n'est pas achevée quand le pays
conquis est pacifié. C'est alors seulement que la véritable tâche com-
mence en imposant la création d'institutions de tous genres qui change-
ront les mœurs de la population indigène, en donnant à son activité une
orientation et une expression nouvelles. Or, ce travail, très long, ne peut
s'effectuer qu'avec le concours d'hommes résolus et capables, avec l'aide
de ressources suffisantes. On en a l'exemple dans ce que le général
Gallieni réalise progressivement et en quelque sorte pas à pas à Mada-
gascar. Les mèmes efforts sont nécessaires en Indo-Chine. Sans doute
notre empire y étend sa superficie et sa solidité s'affirme de plus en
plus en se cimentant; mais, tout en rendant justice à ceux qui en ont
aujourd'hui la direction, on peut regretter que tel plan préconisé ou tel
autre vivement soutenu soit contraire aux exigences de l'avenir. Depuis

quelques années et surtout depuis les récents décrets qui ont unifié l'administration de l'Indo-Chine, on a marché plus sûrement vers le but à atteindre, mais il n'en reste pas moins des lacunes à remplir.

Cela ne se fera pas en un jour ni en un an. Les voies ferrées faciliteront singulièrement ces desseins et l'on doit applaudir à la pensée qui en a reconnu les avantages, à la volonté qui en a obtenu l'exécution. Les travaux d'assainissement des grands centres, la construction des routes, le remblayage des mares, les travaux de canalisation et de drainage, toutes ces choses excellentes prévues par le décret d'août 1899, qui a autorisé l'emprunt de la ville d'Hanoï, sont à tous égards louables. Nous croyons néanmoins qu'au-dessus de ces entreprises de travaux publics doit se placer le programme de l'action morale. Tant que l'édifice ne sera pas couronné par elle, aucun de ceux qui se sont généreusement voués au progrès de l'Indo-Chine n'aura droit au repos. Il est probable que cela réclamera l'effort collectif et successif de plusieurs générations et qu'en dépit de tous les optimismes il faudra attendre jusque là pour gerber les moissons annoncées.

Charles SIMOND.

LE HAUT DE LA RIVIÈRE CLAIRE — VINH-TUY
(Croquis fait sur place par Gorcy)

LE PAYS DES SEIZE CHAUS [1]

I

Tout le massif montagneux compris entre le Fleuve Rouge et la Rivière Noire est habité par des populations Thaïs, Mange, Mans et Méos. Seuls, les villages situés sur le bord du fleuve et dans les vallées inférieures des affluents sont occupés par des Annamites. Au delà de Yen-Bay, les gens de la plaine n'ont guère remonté le Song-Koï ; si on les y rencontre, c'est en général comme trafiquants, non comme agriculteurs fixés dans le pays. Les divisions administratives se sont ressenties des divisions ethnographiques ; ainsi le quan huyen (sous-préfet) de Tran-Yen, fixé à Yen-Bay, ne commande qu'à 50 kilomètres en amont du fort, et son influence ne va pas plus loin que les rives du fleuve. Au delà, les chefs indigènes, obéissant plus ou moins aux ordres des mandarins annamites, exercent une autorité absolue.

C'est le pays des Seize Chaus de la Rivière Noire ; il couvre une immense étendue, entre la principauté de Luang-Prabang et le Yunnan, et les territoires de plusieurs chaus (districts) s'étendent sur la rive gauche du Fleuve Rouge.

Le régime féodal se retrouve là dans toute sa force. Les chefs absolus de la région, les thuonc-shu, se succédaient de père en fils. Dans cette famille régnante, étaient pris la plupart des quan-chaus ou tri-chaus placés à la tête de chacun des chaus ou divisions administratives. Plus bas enfin, les chefs de canton appartiennent toujours à la noblesse du pays.

Avant notre arrivée, le thuonc-shu recevait l'investiture du vice-roi du Tonkin, et les quan-chaus, ayant aussi rang de mandarins,

---

[1] Extrait du volume de F. GARCIN : *Un an chez les Muongs* (Librairie Plon).

voyaient leurs charges confirmées par le gouverneur annamite d'Hong-Hoa. Mais cette ingérence des fonctionnaires de la cour de Hué dans les affaires du pays muong était toute superficielle : c'est à leur naissance que les chefs devaient le pouvoir, être reconnus par les autorités annamites n'étant qu'une simple formalité.

L'histoire des seize Chaus, depuis le commencement du siècle, montre l'indépendance dont les Muongs ont toujours joui vis-à-vis de l'Annam. Cette histoire, sur laquelle je n'ai pu trouver aucun document écrit, c'est par mes conversations avec le cai-tông (chef de canton) de Nhé-Lô et avec d'autres seigneurs thaïs, que j'en ai démêlé les principaux traits.

Lorsque, par hasard, entre deux reconnaissances, j'avais une journée de libre à Nhé-Lô, fuyant un vieux chef de bataillon qui commandait le poste, je me rendais chez le cai-tông, et celui-ci, descendant de la famille des Bao-Anh, qui, au siècle dernier, régnaient sur les Muongs, m'instruisit de quelle façon ses ancêtres avaient perdu le pouvoir. Ces récits, et ceux qui se rapportent aux événements de ces dernières années, je crois pouvoir les résumer, car ils me furent confirmés par d'autres chefs venus de la Rivière Noire.

En l'année 1800, à la mort de Bao-Anh, thuonc-shu des seize Chaus, le kinh-luoc (vice-roi du Tonkin), méconnaissant les principes d'hérédité qui jusqu'alors avaient prévalu, nomma un mandarin annamite, à la tête des territoires muongs. Une révolte éclata aussitôt. Le fils du thuonc-shu défunt, dépossédé de tous droits à la succession de son père, entra en pourparlers avec le vice-roi du Yunnan, lui offrit le territoire de Phong-Tho et obtint de lui des secours en hommes et en munitions.

Lorsque, avec leur duplicité habituelle, les mandarins annamites se furent emparés par trahison du chef muong ; lorsque celui-ci, s'étant rendu sans défiance à Hong-Hoa pour traiter de la paix, eut eu la tête tranchée, son fils se réfugia en Chine, et, nommé mandarin chinois, s'installa à Montzé. Une grande levée de boucliers allait se produire dans les seize Chaus ; soutenus par les armes chinoises, les Muongs pouvaient repousser toutes les armées annamites ; le pays allait définitivement échapper à l'influence de Hué. Un seul moyen s'offrait au kinh-luoch, pour réparer en partie les fautes commises : renoncer à son ingérence directe sur le pays et placer à la tête des montagnards un homme de leur race.

Quinze ans après l'ouverture du conflit, un noble thô fut nommé thuonc-shu des 16 Chaus, et peu à peu il gagna dans le pays la même influence que celle de la famille déchue des Bao-Anh. Mais les mandarins chinois avaient pris au sérieux l'offre faite par ces derniers ; ils voulaient occuper Phong-Tô, et longtemps le nouveau chef muong eut à lutter contre les réguliers du Yunnan, pour conserver la possession de ce poste. On voit encore, dans les environs de Phong-Thô, les restes des tranchées chinoises ; plusieurs fois, vers l'année 1820, le village fut pris et brûlé par les Célestes.

Vers 1850, les premières tribus mans et mangs firent leur apparition dans le pays. Les habitants du Yunnan avaient appris le chemin des riches vallées des 16 Chaus ; le climat tempéré leur plaisait ; ils vinrent s'installer à mi-hauteur, dans les espaces laissés libres, et ces hommes de race jaune se plièrent rapidement à l'autorité des chefs thaïs de la contrée. Ce n'est que dix ans plus tard, en 1860, que la région fut troublée par l'arrivée de Quang-Ngo-Cong, auquel succéda bientôt son lieutenant, Luh-Vinh-Phuoc. Venu du Quang-Thong et du Quang-Si, avec ses Pavillons-Noirs, débris des *Taï Pïngs*, ces terribles *rebelles aux longs cheveux*, qui avaient mis la dynastie mongole à deux doigts de sa perte, le chef cantonnais, s'installant à Lao-Kay, rançonna la région sans merci. La révolte musulmane du Yunnan, qui occupait alors toutes les forces régulières chinoises, l'expédition française de Cochinchine, qui absorbait entièrement la cour de Hué, le manque de cohésion des Muongs, tout cela permit à ce féroce aventurier de se tailler un royaume sur le Fleuve-Rouge, et il se nomma lui-même Grand Mandarin du pays.

Le commerce sur le Song-Koï subit alors de dures épreuves. D'énormes droits étaient prélevés, à Lao-Kay, sur toutes les marchandises, et, bien que ces droits eussent été acquittés, les jonques n'en étaient pas moins quelquefois attaquées un peu plus bas, et leurs équipages passés par les armes.

Le gouverneur d'Hong-Hoa essaya bien de chasser les Pavillons-Noirs ; mais que pouvaient les faibles soldats annamites contre ces bandes fortement organisées ? Seul, M. Jean Dupuis, grâce au concours du vice-roi du Yunnan, grâce à une forte escorte de Malais et de Chinois, encadrés par des Européens, put, avec ses canonnières, passer devant Lao-Kay, sans être molesté. A deux reprises, en 1872 et 1873, ce hardi Français, commerçant adroit, explorateur intrépide, parcourt le fleuve. N'importe ! Luh-Vinh-Phuoc se maintient toujours à Lao-Kay, et chaque année sa douane prélève deux millions de francs sur les commerçants assez courageux pour s'aventurer sur le Song-Koï. Mais, dans le Delta, la situation s'est profondément modifiée. Rivière a repris la politique de Francis Garnier, et, en avril 1881, la citadelle d'Hanoï vient d'être enlevée par les Français, en un tour de main.

Les mandarins de Hué, qui nous lassèrent par leurs ruses, ne pouvaient pas compter sur leurs troupes pour une lutte ouverte ; ils eurent alors recours aux Pavillons-Noirs. La paix était faite avec Luh-Vinh-Phuoc, et ses condottieri, pris à la solde de l'Annam, marchèrent contre les « pirates de l'Occident ». Des contingents muongs suivirent aussi ; plus d'un de ces Pu-Thïas, aujourd'hui nos plus sûrs alliés, a entendu siffler les balles françaises et éclater nos obus à Sontay, à Hong-Hoa, à Tuyen-Quan ; parmi ces jeunes chefs, qui nous reçoivent avec tant de déférence, plus d'un peut-être a trempé ses mains dans le sang de pauvres soldats décapités, près du pont de Papier ou dans les tranchées du fort de Phu-Sa.

Après Hoac-Moc, ce combat où les Pavillons-Noirs résistèrent tout un jour à la canonnade de trois batteries et aux assauts furieux d'une brigade et nous infligèrent des pertes si cruelles, (nous mettant 648 hommes, dont 26 officiers, hors de combat), Luh-Vinh-Phuoc, décidément vaincu, se réfugia dans le Yunnan; les débris de ses troupes se dispersèrent dans le Haut Tonkin, et les Muongs rentrèrent chez eux.

Ces événements avaient favorisé la fortune d'un petit chef muong, qui, sorti du peuple, simple habitant du village de Ban-Van, était arrivé, grâce aux présents offerts au gouverneur d'Hong-Hoa, puis aux services rendus à Luh-Vinh-Phuoc, à obtenir le grade de chef de canton, puis la charge de quan-phong, c'est-à-dire de chef militaire des seize Chaus, charge qu'il cumulait avec celle de tri-chau de Chieu-Tau. Le thuonc-shu Déo-Van-Tri, fils du seigneur qui, en 1815, avait été placé à la tête de la région, ne voyait pas avec plaisir l'élévation de ce parvenu, et, lorsque ce dernier osa lui demander sa fille en mariage, il la lui refusa avec hauteur : une fille noble ne pouvant s'allier au fils d'un coolie.

Furieux de cet affront, le quan-phong s'insurgea, sous un prétexte futile, et, comme il venait d'apprécier notre force contre nous dans le Delta, comme nous occupions déjà la ligne du Fleuve Rouge jusqu'à Tuan-Qua, il se rendit à Hong-Hoa pour solliciter des secours, pendant que Déo-Van-Tri s'adressait au vice-roi du Yunnan qui, au mépris des traités, lui envoya 700 irréguliers, avec lesquels le chef muong promettait de nous ramener jusqu'à la mer. Mais la colonne Pelletier le délogea du chau de Chieu-Tau, et l'année suivante, en 1887, la colonne Pernod remontait toute la Rivière Noire, le chassait de Laï-Chau et le forçait à aller chercher un asile en Chine.

Nommé mandarin chinois, Déo-Van-Tri aurait longtemps continué par ses agissements à troubler le pays, sans la politique habile du commandant Pennequin. Cet officier supérieur, nommé résident de Son-La, en 1888, avait fait évacuer tous les territoires soumis à sa surveillance par les bandes chinoises qui les occupaient. Le quan-phong, récompensé des services qu'il nous avait rendus (on le décora de la Légion d'honneur), M. Pennequin s'était attaché à rétablir, dans le pays, l'autorité des anciens chefs et partout les seigneurs de la famille de Déo-Van-Tri étaient rentrés en fonction. Ce dernier même avait envoyé son fils au commandant, il négociait sa soumission, et la paix la plus complète régnait dans toute l'étendue de la résidence de Son-La.

Sous l'administration éclairée du commandant Pennequin, le pays muong, si longtemps désolé par la guerre, jouissait enfin de quelque quiétude, lorsque les trois cantons de Han-Son, Phu-

CARTE DE LA PLAINE DU HALO

Nam et Son-Hà, formant le Tuanh-Hoa-Dao, et le huyen de Van-Chan, situé à l'est, furent séparés de la résidence de Son-La et rattachés à celle d'Hong-Hoa. Les populations thaïs, habitant ces régions, reprenaient peu à peu leurs travaux ; déjà une récolte de riz avait été productive, la seconde allait être levée, quand le vice-résident d'Huong-Hoa envoya parmi ces agriculteurs, jusqu'alors à peu près indépendants, des mandarins annamites chargés de faire rentrer l'impôt. L'installation parmi eux de ces nouveaux fonctionnaires rapaces, opérant sous notre protection, nous aliéna aussitôt l'esprit des habitants.

Peu après, l'autorité militaire arrêtait inutilement, pour laisser ensuite maladroitement échapper, le chef du canton de Son-Ha. A la tête des montagnards mans et méos de son canton et de 80 Chinois appelés par lui d'au delà de la frontière et pris à sa solde, ce chef de canton commença les hostilités.

Depuis trois mois, à peine M. Pennequin avait-il quitté une région, grâce à lui absolument pacifiée, que, par une série de maladresses de ses successeurs, elle était en pleine insurrection. Les postes que nous avions installés dans la contrée se trouvaient à environ 50 kilomètres de la Rivière Noire et du Fleuve Rouge. Une route les reliant au fleuve était elle-même surveillée par une série de fortins. Chacune de nos positions protégeait les plaines fertiles habitées par les Thaïs. Le chef de canton de Son-Ha résolut de les attaquer une à une.

Au mois de septembre, Tu-Lé, notre poste le plus avancé, était investi par les Chinois et par 200 Mans et Mangs, armés de leurs longs fusils à pierre. Quarante tirailleurs, sous le commandement d'un sous-lieutenant, occupaient Tu-Lé. Ils résistèrent avec bravoure, repoussant des attaques nombreuses, de nuit comme de jour, sans cesse sur le qui-vive, sujets à des alertes continuelles qui leur interdisaient tout repos. Les hommes vivaient dans la tranchée, l'officier, afin de pouvoir dormir un instant, avait dû faire entourer son lit de gros madriers, à l'épreuve des balles, et, une fois la nuit venue, on ne devait pas allumer une bougie sous peine de voir les projectiles pleuvoir immédiatement. Au bout de quinze jours, une colonne vint enfin délivrer la garnison et le poste fut supprimé. M. Moll, le sous-lieutenant qui venait de si bien se défendre à Tu-Lé, prit le commandement du poste de Gia-Hoï ; mais bientôt s'y trouva dans une situation aussi périlleuse, bloqué pour la deuxième fois. On vint encore le dégager, non sans pertes, et, comme précédemment, on évacua Gia-Hoï. Par suite de ces reculades successives, le poste de Nhé-Lô se trouvait en tête de ligne ; naturellement il fut investi à son tour, dès que les troupes eurent repris le chemin du Fleuve Rouge. Dans Nhé-Lô, avec le peloton du sous-lieutenant Moll, était enfermé le commandant du cercle de Déo-Hat. Les effectifs des postes voisins ne permettaient pas la formation d'une colonne de secours, et, comme la situation était critique, ce fut encore à la garnison de Yen-Bay qu'incomba la mission de débloquer Nhé-Lô.

II

C'est le 22 novembre que nous reçûmes à Yen-Bay, l'ordre de former une colonne pour aller immédiatement au secours du commandant B... enfermé dans Nhé-Lô. Ma compagnie, déjà réduite à 110 hommes par les évacuations, devait fournir 45 hommes, qui marcheraient sous mon commandement. Nos soldats étaient tellement épuisés par les expéditions précédentes que l'on eut toutes les peines du monde à en trouver parmi eux quarante-cinq réellement valides.

Une reconnaissance de quinze hommes était partie le matin sur la route de Lam. On leur prescrivit de rentrer ; à une heure du matin, ils étaient de retour, touchaient leurs vivres, leur campement, et, deux heures après, embarquaient dans les jonques.

La section d'Artillerie, qui, avec l'Infanterie de Marine et un détachement du Génie formait la garnison du fort, ne put se joindre à la colonne, car elle ne possédait pas encore son matériel. Une ou deux pièces de 80 $^{m/m}$ de montagne nous eussent cependant rendu bien des services, mais il fallait les attendre de Lao-Kaï ; là, on avait des canons et pas d'artilleurs, à Yen-Bay, des artilleurs, et pas de canons. A cinq heures du matin, les jonques poussaient au large, emportant avec mon détachement la compagnie de tirailleurs tonkinois. Le chef de bataillon du fort avait pris le commandement des troupes. A 10 heures, nous débarquions au pied du poste de Yen-Luong. Un peloton de tirailleurs et 25 hommes de la Légion se joignaient à la colonne, et, à midi précis, nous nous engagions sur la route de Daï-Lich.

Malgré la saison avancée, la chaleur était torride ; nous longions des marais d'où s'exhalaient des miasmes pestilentiels; à chaque instant, un de mes hommes restait en arrière. Ceux qui, en marche la veille et la nuit précédente, n'avaient, depuis trente-six heures, pu prendre une minute de repos, se traînaient et s'arrêtaient malgré mes exhortations.

A Déo-Go, ancien poste abandonné, nous fîmes une courte halte ; les traînards rejoignirent enfin. Le terrain devenait montueux, la marche plus pénible : bien vite les défaillances se renouvelèrent. Les hommes de la Légion, moins fatigués et plus robustes que leurs camarades, prenaient les fusils, les couvre-pieds de ceux-ci, les cartouches. J'avais, depuis longtemps, mis pied à terre, pour permettre aux plus éreintés de se reposer en montant à tour de rôle sur mon cheval, mais cela n'empêcha pas deux d'entre eux de tomber sans connaissance, atteints d'accès comateux.

Je fis prévenir le commandant, et, sur son ordre, je restai en arrière, pour m'assurer que tout mon monde suivait. A la tombée de la nuit, j'étais encore dans la montagne, suivi de quelques hommes valides, poussant les traînards et veillant à ce que l'on n'abandonnât pas mes deux malades qui, couchés sur des brancards, n'avaient pas encore repris leurs sens. Les coolies qui les portaient s'étaient sauvés, profitant d'un moment d'inattention des tirailleurs chargés de leur surveillance, et ce sont ces derniers que,

malgré leurs plaintes, j'avais dû placer aux brancards. Les tirailleurs, croyant mes soldats morts, voulaient les lâcher ; ils se pré-
tendaient malades à leur tour, geignaient pitoyablement ; ce ne
fut qu'en les menaçant de mon revolver que je les fis avancer.

A 11 heures du soir, j'arrivai à Daï-Lich ; la tête de colonne y
était entrée à 7 heures 1/2, le convoi à 9 heures. Cette longue
marche à pied, à la lueur d'une lanterne, au milieu de la forêt et
des fondrières, m'avait donné la fièvre. Je me couchai sans dîner,
et le lendemain matin nous repartions, renforcés par 60 tirailleurs du poste de Daï-Lich, mais y laissant sept malades de
l'Infanterie de Marine.

A 10 heures, nous sommes à Lang-Mi, ancien poste français ;
car toute cette région a été couverte de postes aussi malsains et
aussi horriblement installés les uns que les autres. J'ai heureusement marché derrière l'avant-garde ; nous n'avons subi ni à-coups,
ni temps d'arrêt, et mes hommes, s'installant sur le bord d'un
ruisseau, commencent à déjeuner. Ma cantine est encore bien loin,
au convoi qui n'arrivera que dans une heure ; mais Dioc est là,
avec un poulet froid, du pain, un bidon de vin. Les braves Légionnaires nous donnent un excellent café, et je déjeune avec le lieutenant de l'avant-garde. J'apprends alors ce que tous mes camarades ont connu, la veille au soir.

Le sous-lieutenant Moll, avec 40 tirailleurs est sorti de Nhé-Lô,
envoyé pour rétablir les communications avec Déo-Hat ; il a été
grièvement blessé ; sa troupe s'est débandée en partie ; c'est par
un miracle que le capitaine de Déo-Hat a pu arriver à temps et le
recueillir. Or, son chef, le commandant B..., est resté seul à Nhé-
Lô, avec 27 tirailleurs : il faut qu'on se hâte, si on veut encore
retrouver le poste en notre possession. Le soir, nous couchons à
Vuc-Tuan, encore un ancien poste ; la colonne campe au pied du
mamelon, et je m'établis au sommet avec mes soixante Européens.

Le 25 novembre, nous approchons de Déo-Hat. On vient de
sortir de la forêt et de s'engager dans une plaine herbeuse,
lorsque, à côté de l'ancien poste de Ba-Ké, nous croisons un
détachement de tirailleurs, escortant le sous-lieutenant Moll, que
quatre coolies muongs portent dans une civière. Mon malheureux
camarade me reconnaît aussitôt, et il a la force de m'instruire en
quelques paroles de son aventure.

« Sorti de Nhé-Lô avec 40 hommes, me dit-il, je me trouvais à
mi-chemin de mon poste et de Déo-Hat, lorsque je tombai dans
l'embuscade où m'attendaient une trentaine de Chinois. La route,
tu le verras, débouche en ce point dans une petite plaine couverte
d'anciennes rizières abandonnées et envahies par les hautes
herbes. A gauche, à 100 mètres environ du chemin, se trouve une
colline boisée. A flanc de coteau, et au milieu des arbres, un pro-

fond caniveau court le long de la colline, destiné à recueillir les
eaux de la montage et à les empêcher de raviner les rizières, que
les habitants cultivaient jadis, Les arbres cachent complètement
cette tranchée; je ne pouvais en soupçonner l'existence, et c'estt là
que les Chinois s'étaient embusqués, enterrés jusqu'aux épaules,
tenant la route sous leurs feux. Quand le détachement fut bien en

CHINOIS DE MONG-TSÉ

vue, défilant tranquillement sur la route, une première décharge
vint semer le trouble parmi mes tirailleurs.

« Je fis faire face à mes hommes, commandai quelques feux ;
mais, au moment où je me retournais pour faire serrer, sur la tête
de la colonne, l'arrière-garde que je n'apercevais pas encore, je tombai à mon tour, atteint à la cuisse. Plusieurs tirailleurs, jeunes soldats incorporés récemment, furent pris de panique, en me voyant à
terre ; ils se jettent au milieu des hautes herbes, et les Chinois,
bondissant hors de leur tranchée, se précipitent vers moi. Mes

deux sergents français, les gradés indigènes, mes deux ordonnances m'entourèrent aussitôt et parvinrent à repousser l'ennemi. On me plaça dans le couvre-pied d'un caporal, qui venait d'être tué à mes côtés, et ma petite troupe, toujours tiraillant, franchit le gué du Ngoï-Banh et se dirigea vers Déo-Hat. La nuit était venue ; craignant d'aller se heurter à quelque nouvel obstacle, on s'arrêta. »

Cette halte dans la forêt, la nuit, se sachant entouré d'ennemis, dans un pays presque inconnu, et loin de tous secours, quelle situation terrible pour le pauvre blessé !

« Enfin, le lendemain matin, poursuivit mon camarade, le capitaine de Déo-Hat, averti par des fuyards parvenus à rejoindre le poste, est arrivé à ma rencontre. Il m'a pansé, soigné avec dévouement, pendant quatre jours et maintenant, comme je suis capable de subir le voyage, il m'évacue sur Yen-Luong, et, tu le vois, tout va bien. »

Le pauvre officier ne se doutait pas de la gravité de sa blessure. « L'os n'est pas touché, ajouta-t-il ; ce n'est rien : dans peu de temps je serai sur pied. Au revoir ; je te souhaite meilleure chance. » Nous nous serrâmes la main, et je rejoignis mon peloton au grand trot. Après un long martyre de trois mois, après une lutte contre la mort qui surprit tous les médecins, Moll succombait à l'hôpital d'Hanoï.

Une simple citation à l'ordre, le dérisoire Dragon de l'Annam, telle fut la récompense de ce jeune officier, qui avant d'être blessé, s'était distingué dans deux combats, luttant un jour corps à corps avec un Chinois, et qui, en outre, avait montré tant d'énergie, en défendant Tu-Lé et Gia-Hoï avec quelques tirailleurs. La croix de la Légion d'honneur, que ses camarades attendaient pour lui, n'était pas venue jeter un rayon de joie sur la tristesse de ses derniers moments.

Bientôt nous approchons de Déo-Hat. Le chemin monte longtemps ; puis, au dessus de nous, à travers les arbres, nous apercevons les cases aux toits de paille et les palanques non équarries du poste. Le sentier grimpe en zigzags ; une série d'escaliers et de rampes fort roides nous conduisent enfin au sommet.

Déo-Hat a été construit par la compagnie des pionniers de discipline. Les malheureux ont accompli là un travail énorme. Les terrassements sont considérables ; des palanques, en gros troncs d'arbre, entourent tout le poste, forment même un réduit, deux blockhaus d'où l'on domine toutes les vallées et les pics avoisinants. La route chemine au pied de la montagne, à 150 mètres plus bas. Il semblerait, dès lors, qu'on soit maître absolu du passage ; mais un autre sentier permet d'éviter le poste. La fortification est donc formidable, et elle ne sert à rien. Le lendemain matin, 26 novembre, nous nous mettons en route pour Nhé-Lô.

On chemine, pendant deux heures, au milieu de la forêt; des bandes de singes, dans les arbres, font un épouvantable vacarme, le sentier traverse de rares clairières, et bientôt nous sommes arrêtés pour une ligne d'abatis.

On pratique, sur la gauche, un sentier à flanc de coteau; on peut suivre la route ; puis, nouveaux abatis, nouvel arrêt. Il est dix heures, et, pendant que les coups de hache et de coupe-coupe retentissent dans la forêt, je mange tranquillement un morceau avec deux camarades, puis on reprend la marche. Les chevaux laissés à Déo-Hat, nous passons facilement sur ce nouveau sentier; mais des lignes d'abatis se présentent encore ; en trois heures, nous faisons à peine deux kilomètres.

La forêt s'éclaircit ; de hautes montagnes s'élèvent à notre droite ; nous approchons du lieu où Moll a été attaqué. Le Ngoï-Banh ferme le chemin, on n'avance que lentement, fouillant le terrain, et, au moment où l'avant-grade franchit le gué, mon peloton est établi sur la berge, face à droite, pendant qu'un peloton de tirailleurs, ayant fait à gauche en ligne, se prépare à battre de ses feux la rive opposée.

Rien ne paraît ; nous passons à notre tour, le convoi étant protégé en arrière par trois section de tirailleurs. La tranchée où les Chinois se sont embusqués est fouillée par une forte patrouille ; un petit poste s'y trouvait car on aperçoit un feu mal éteint ; mais devant notre nombe, tout le monde a dû déguerpir.

Dans la petite plaine où Moll est tombé, le feu a été mis aux herbes ; les cadavres des tirailleurs, sans têtes, horriblement mutilés, sont là sur le bord du sentier. Les têtes de deux d'entre eux sont piquées au bout de longs bambous, avec une inscription annamite, menaçant les tirailleurs de subir tous le même sort.

Je me crois transporté à cinq ans en arrière : cette odeur de cadavres, ces corps sans têtes me rappellent le temps où je trottais, sac au dos, sur les routes de Lang-Son et de Tuyen-Quan. Là, nous enjambions parfois des Chinois morts et décapités par nos Tonkinois ou nos Algériens, et le spectacle de ces corps presque toujours sanglants, souvent noirs et tuméfiés, tristes restes d'un combat de la veille, nous était devenu si familier, qu'il n'existait plus la moindre horreur. On entendait au contraire une bande d'egagéo faubouriens lancer en passant leurs lazzis, leurs éclats de rire, à ces « raccourcis » à ces « machabées », ce qui ne rendait guère le tableau plus riant.

Nous sommes déjà sortis de la plaine, lorsque cinq ou six coups de fusil retentissent en arrière : ce sont les Chinois qui veulent affirmer leur présence, en tirant de fort loin sur le convoi. Nous ne répondons même pas, et, lorsque le deuxième gué est franchi, nous nous établissons en halte gardée et déjeunons rapidement.

La forêt a cessé, seuls quelques mamelons sont couronnés de
bouquets de bois ; durant deux heures nous cheminons au

FEMMES MÉOS

milieu de ces croupes couvertes de hautes herbes, quand soudain
apparaît devant nous la plaine du Halô.

LAO-KAY. — LIMITE DES POSSESSIONS FRANÇAISES DU TONKIN SUR LE FLEUVE ROUGE

(Croquis fait sur place par Gorcy)

Le Ngoï-Tia serpente au loin, baignant de nombreux villages; de hautes montagnes ferment l'horizon, mais ce qui attire nos yeux, c'est, là-bas, au delà de la rivière, ce petit mamelon isolé, au milieu de la plaine, sur lequel on distingue les cases du poste de Nhé-Lô. Nous faisons trois feux de section, et avec une bonne jumelle, on peut bientôt distinguer le drapeau tricolore que l'on hisse soudain, en réponse à nos salves, au mât de pavillon. A la tombée de la nuit, nous sommes au poste, où je m'installe avec les Européens ; les tirailleurs sont cantonnés dans les grandes cases muongs du village.

Il était temps que nous arrivions.

Seul avec deux sergents français, son ordonnance, son secrétaire et 27 tirailleurs presque tous malades, le commandant B... n'aurait guère pu tenir.

Le poste heureusement était tout petit et fort bien construit. Simple carré de 40 mètres de côté avec deux blockhaus en gros madriers, placés diagonalement aux angles, il peut-être défendu par un faible effectif. Les hommes couchaient dans les blockhaus ou dans la tranchée; car l'intérieur du fortin était balayé par les balles. Si le poste en effet dominait bien la plaine, il était une cible naturelle pour les tirailleurs ennemis, qui se cachaient au milieu des hautes herbes, s'abritaient derrière les levées en terre qui séparent les rizières et fusillaient constamment la malheureuse garnison. On était obligé d'aller chercher l'eau, à 15 mètres plus bas, au pied du petit mamelon ; or, c'était quotidiennement une opération dangereuse. Le jour, il ne fallait pas se montrer ; le soir, la moindre lumière devenait point de mire ; plusieurs hommes étaient blessés, les autres, malades ou démoralisés, et la garnison n'eût pas résisté à un assaut, si l'ennemi avait eu le courage de le tenter.

III

Les villages thaïs sont parsemés dans la plaine ; sur les montagnes, à mi-hauteur, les Mans, venus du Yunnan depuis une vingtaine d'années, ont élevé leurs grandes cases et cultivent des rizières en amphithéâtre ou des champs de maïs.

Sur les sommets, à 1000, 2000 mètres d'altitude, se sont retirés les Méos, population autochtone, que l'on retrouve sur toutes les montagnes depuis le Tranh-Ninh jusqu'au milieu du Yunnan, à 1.200 kilomètres au nord, et qui n'ont que fort peu de rapports avec les gens de la plaine. Les montagnards mans et méos, aux instincts pillards, avaient seuls obéi au chef de canton de Son-Ha; les Thaïs, cultivateurs paisibles, nous étaient favorables, mais nous voyant si faibles depuis quelques temps, nous sachant incapables de les défendre, ils obéissaient tous aux injonctions de nos ennemis. La deuxième récolte de riz venait d'être faite. Partout, dans la plaine, les gerbes s'élevaient en grandes meules coniques, et les Chinois commençaient à les faire emporter dans la montagne, en vue de leurs approvisionnements. Nous de même, nous avions besoin de riz, et, dès le lendemain de notre arrivée, tous les tirailleurs, tous les coolies disponibles se dirigèrent vers les rizières, afin d'emmagasiner au poste la plus grande quantité possible de gerbes.

Réfugiés dans les collines boisées, les Chinois cherchèrent à gêner l'opération; sitôt que les travailleurs se massaient en un point, des coups de feu partaient, et les balles près d'eux labouraient la terre. Mon peloton seul ripostait par des feux d'escouade, et la corvée s'achevait rapidement. A 1200 mètres, l'ennemi nous envoya quelques feux de salves ; mais, comme toujours, incapable de régler leurs hausses aux grandes distances, ils ne nous firent aucun mal. Les balles sifflaient bien haut au-dessus de nos têtes, tandis que, à chaque riposte, les projectiles de nos kropatscheks devaient briser, autour des Chinois, les branches d'arbres, et faire craquer les bambous.

Le 28, sous la conduite du commandant G..., une compagnie de tirailleurs et ma section d'Infanterie de Marine se rendaient à Déo-Hat pour y prendre un convoi. Un peu avant d'arriver au passage dangereux de Son-Buc, nous apercevons quelques hommes sur un mamelon, à gauche de la route. On se dirige de ce côté; bientôt des habitants nous informent que les Chinois occupent un village, non loin de là. Un pli de terrain nous cache les cases. Allons-nous nous heurter à une position sérieuse ? On l'ignore ; aussi, s'avançant avec précaution, le commandant nous fait déployer dans de petites rizières en amphithéâtre, dont nous gravissons les gradins.

Les toits des cases apparaissent derrière le sommet du mamelon; au moment où les éclaireurs couronnent la crête ; cinq ou six coups de feu retentissent, et toute la chaîne, appuyée par ma section se porte rapidement en avant. Une quinzaine de Chinois viennent de déguerpir de deux grandes cases muongs. Ils ont sauté par les fenêtres, se sont enfoncés dans la brousse, oubliant dans leur précipitation, trois ou quatre de leurs grands chapeaux, une pochette de cartouches, des couvre-pieds pris à nos pauvres tirailleurs, enfin quelques ustensiles de cuisine qui proviennent de la cantine Moll. Il s'en fallu est de bien peu qu'ils ne soient pincés. Ah ! si nous avions connu leur faiblesse, si nous nous étions avancés plus carrément, c'était une jolie revanche à prendre de l'embuscade du 19 !

Nous trouvons à Déo-Hat, avec un grand convoi de vivres et de munitions, comprenant plus de 500 coolies, une compagnie de renfort venue d'Hanoï et un médecin-major qui rejoint enfin la colonne. Le commandant G... tente de cerner la bande sur laquelle s'est replié l'avant-poste surpris la veille ; encore une fois, les Chinois nous glissent entre les mains : ils filent par un sentier dont nous ignorions l'existence.

Nous reprenons la route de Nhé-Lô. Arrivé au passage de Ngoï-Tia, je trouve le radeau qui fait l'office de bac, replié sur l'autre rive. Pas un indigène avec nous, les trente hommes d'infanterie de marine que je conduis sont surmenés par ces marches continuelles ; plusieurs tremblent la fièvre, d'autres sont affaiblis par la dysenterie, et quand je demande qui veut aller chercher le radeau, ils hésitent à entrer dans cette eau glacée. La colère me prend ; en un tour de main je me déshabille, traverse le Ngoï-Tia, en nageant au milieu du courant, et, sous une pluie froide, peu faite pour me réchauffer de mon bain, je conduis le radeau jusqu'à la berge, en me hâlant sur le long câble en rotin, tendu au-dessus de la rivière, et je fais embarquer mes hommes, honteux de leur hésitation.

Un parti chinois est réfugié dans les montagnes, à l'ouest de Nhé-Lô ; nous le poursuivons et, le 3 décembre, nous occupons sans coup férir un fortin que l'ennemi a construit à Lang-Muoï.

C'est au milieu de mamelons déboisés et couverts de rizières de montagne, que se sont avancées nos colonnes. Partout la récolte vient d'être faite ; le paddy (riz non décortiqué) remplit de petite cabane sur le penchant des collines ; mais les hameaux que nous traversons sont déserts ; les Mans, qui les habitent, se sont repliés avec les Chinois.

Le 5 décembre, les deux chefs de bataillon se séparèrent ; le commandant G..., avec deux compagnies de tirailleurs et 10 légionnaires retourna à Déo-Hat, puis par une longue marche à travers les montagnes, il gagna Gia-Hoï, où il s'établit.

Je restai à Nhé-Lô avec le commandant B... et nous pûmes enfin prendre quelque repos. Des renforts nous étaient arrivés depuis quelques jours de la Rivière Noire. Deux pelotons de tirailleurs tonkinois et un peloton muong commandé par un lieutenant venaient de franchir le col de 1800 mètres d'altitude, qui se trouve aux sources du Ngoï-Tia ; d'autres troupes suivaient, aussi avions-nous besoin d'approvisionnements considérables.

On continuait donc à rentrer le riz des alentours ; mais l'opération du décorticage était fort longue. Tout le poste semblait transformé en un vaste atelier, et une quinzaine de ces pilons hydrauliques, que j'ai décrits déjà, étaient installés autour des cases ; jour et nuit les tirailleurs et les coolies pilaient le riz.

Le poids de l'eau qui fait basculer les longs madriers était remplacé ici par la pression qu'exerçaient, avec le pied, deux Anamites. Un troisième présentait les gerbes au pilon retombant dessus avec force ; un quatrième enfin vannait. Nous obtenions ainsi 4 ou 500 kilogs de riz par jour, juste en somme ce que nous consommions.

Les convois venus du Delta se suivaient à intervalles

CARTE DU PAYS DES SEIZE CHAUS

rapprochés. C'était pitié de voir arriver au poste ces centaines de coolies annamites, recrutés dans les provinces d'Hong-Hoa et de Son-Tay. Maigres, couverts de haillons, ployant sous leur charge et s'appuyant sur de longs bâtons, les premiers d'entre eux franchissaient la porte du fortin, et, derrière, leur longue file, coupée par les tirailleurs de garde, se prolongeait sur la pente du mamelon et jusqu'au milieu de la plaine.

Sitôt que les tonnelets de vin, les sacs de riz, les caisses de cartouches étaient déposés dans la cour, vis-à-vis du magasin, la foule des coolies était parquée dans un coin contre la palissade. Grelottant de froid, se serrant les uns contre les autres, cherchant à se garantir de la pluie, avec les petits couvre-pieds de laine rouge qui leur étaient délivrés pour deux, les malheureux attendaient patiemment que l'on voulût bien leur faire une distribution de riz, et que quelques tirailleurs leur prêtasssent les marmites nécessaires pour le faire cuire.

Malgré l'éloignement du pays natal, malgré les dangers presque certains, une seule idée les dominait : fuir, regagner leurs villages. La crainte du tigre, celle de s Chinois, rien ne les arrêtait, et la nuit, si la surveillance des sentinelles se relàchait un peu, ils filaient par bandes. Parfois, sur les routes, on retrouvait le cadavre de l'un d'eux, mort de misère. Plus tard même, nous devions en voir une quinzaine étendus dans l'herbe, sur le bord d'un sentier, la tête à moitié emportée par des coups de feu à bout portant. Incapables de suivre un convoi, ces misérables avaient été cruellement fusillés « pour l'exemple » et leurs corps, laissés là, comme ceux de chiens crevés.

Réfugiée dans la montagne, la petite troupe de Chinois qui nous tenait en échec descendait néanmoins dans la plaine, la nuit surtout, et parfois à l'horizon, on voyait flamber une case; parfois même, le ciel s'éclairait des lueurs de tout un village en feu.

Mais les Thaïs avaient repris courage. Voyant notre nombre, apprenant que nous attendions encore des renforts, ils revenaient à nous, nous fournissaient des renseignements ; quelques-uns d'entre eux se hasardèrent jusqu'à ramper, la nuit, vers les sentinelles chinoises pour les égorger. Les têtes de deux de ces brigands furent placées au bout de longs bambous, à la porte du poste; elles avaient été apportées par le chef de canton de Nhé-Lô. qui s'était aussi emparé des deux fusils Remington et des ceintures de cartouches.

Chaque jour nos reconnaissances battaient le pays ; mais ces opérations sans suite, sans plan d'ensemble, ne pouvaient aboutir à un résultat sérieux. Une nuit, cependant, nous faillîmes surprendre l'ennemi. Avertis, le soir seulement, par des habitants de Ban-Phiem, que trente Chinois venaient de s'installer dans leur village, nous partîmes à minuit, espérant les prendre. Un capitaine et un lieutenant marchaient avec 60 tirailleurs; je suivais, avec 15 hommes. Par un clair de lune superbe, nous nous engageâmes dans un petit chemin qui suit le pied des collines.

A deux heures du matin, nous traversons le Ngoï-Tia. Les tirailleurs ont de l'eau jusqu'à la poitrine; ils trébuchent sur les pierres, si bien que mes hommes doivent leur donner la main et les soutenir. Bientôt, les cases de Ban-Phiem paraissent devant nous. Dans un village voisin, des chiens se mettent à hurler, et nous craignons d'être découverts ; mais un chemin creux, entre deux haies de bambou, peut cacher notre petite troupe, jusqu'à ce que la lune ait disparu. Il est quatre heures; nous avançons doucement, à travers les rizières. Le fusil d'une main, retenant de l'autre le fourreau de leur baïonnette, les hommes marchent, courbés en deux, derrière les petites levées de terre ; on retient même sa respiration, et peu à peu on se rapproche du village.

Les cases sur pilotis se détachent bien devant nous ; presque toutes sont éclairées par la lueur des petites lampes à opium.

Nous nous arrêtons. Deux habitants et deux tirailleurs se portent en avant ; puis, rampant dans la boue et les herbes, s'approchent le plus possible de l'enceinte du village. La porte est gardée, paraît-il ; un homme se trouve en faction à l'intérieur : impossible d'avancer sans être découvert.

Une trentaine de tirailleurs essayent alors de tourner le village pour couper toute retraite à l'ennemi; mais une sentinelle chinoise regarde, étonnée, cette ligne sombre qui se meut dans les champs. Le choc d'une crosse contre un bidon lui donne l'éveil; un coup de fusil part, et nous, qui sommes cachés à cent mètres de l'enceinte, derrière une petite digue, nous n'avons qu'à nous dresser, à diriger un feu rapide sur les cases et à nous élancer en avant, la baïonnette au canon. La porte en bambou, mal close, est violemment arrachée. Nous pénétrons au milieu des jardins; mais l'ennemi a fui par une autre issue.

Dans les cases, où je grimpe, revolver au poing, pas un chat. Avec des pochettes de cartouches Remington et Winchester, tout l'attirail des fumeries : matelas, cai goïs, petites lampes, pipes, pots d'opium, tout cela gisait sur le parquet, dans un inexprimable désordre. Certes, pour des fumeurs, c'était un réveil peu agréable; mais, une fois encore, les brigands nous avaient échappé.

Le jour venu, on rentrait au poste, lorsqu'à mi-chemin, à un détour du sentier, notre avant-garde tombe nez à nez avec un petit groupe de cinq Mans, le long fusil sur l'épaule qui se jettent immédiatement dans un village abandonné, dont les jardins sont envahis par les ronces et les hautes herbes.

Nous fouillons en tous sens; mais, seul, un de mes caporaux peut découvrir un de ces hommes blotti dans un fourré. On le conduit au capitaine. C'est un jeune gaillard fort bien vêtu, la tête entourée d'un crépon bleu. Il se prétend propriétaire des rizières voisines. Malheureusement pour lui, le chef de canton de Nhé-Lô ne le connaît pas du tout; l'interprète du commandant défait sa ceinture, et y trouve de la monnaie française, dont une piastre au millésime de l'année 1889 : c'est de l'argent pris sur les morts, après le combat du 19 novembre, et, quand on lui en demande la provenance, il se met à rire, en nous regardant insolemment. Son procès n'est pas long. On le laisse là où on l'a pris, avec une balle dans la tête. Son fusil, dont on s'empare, est par la forme pareil aux fusils muongs. La crosse est minuscule, garnie de plaquettes d'ivoire, mais c'est une pierre à feu, non une mèche qui fait partir le coup.

Le 10, je suis envoyé, avec une de mes escouades de 30 tirailleurs, chercher un convoi, à mi-chemin de Déo-Hat ; mais, en ce défilé, une attaque est toujours à craindre ; aussi, mon camarade qui conduit le convoi et que je rencontre au deuxième gué du Ngoï-Banh, avec ses 50 hommes d'escorte m'accompagne jusqu'au delà du passsage dangereux de Son-Buc ; là, nous nous quittons, et le soir, je suis de retour. Sous les ordres du capitaine de tirailleurs, qui nous avait conduits à Ban-Phiem, je fis encore, dans la nuit du 11, une reconnaissance vers un village man, où, disait on, le chef de canton de Sou-Ha était arrivé la veille. Même échec : nous ne pûmes prendre personne ; on dut se contenter de de brûler la case appartenant au chef de la rébellion.

Le 18, je revenais de Gia Hoï, à 24 kilomètres de Nhé-Lô, où j'avais escorté la veille un convoi de vivres, destiné au commandant G..., lorsqu'en approchant du poste j'entendis au loin une fusillade nourrie. Bientôt, plusieurs reconnaissances, parties le matin, rentrèrent avec des blessés. On s'était heurté à une position chinoise dont le commandant B... connaissait cependant l'existence, mais qu'il avait oublié de signaler à ses officiers.

Un sergent français et dix tirailleurs hors de combat, telles étaient nos pertes, et non seulement nous n'avions pu déloger les Chinois de leur position, mais nous avions été contraints de battre en retraite. La plus forte de ces reconnaissances avait été dirigée par un capitaine d'une grande valeur, un officier qui, en 1884, s'était conduit héroïquement, et elle avait dû laisser un caporal tué aux mains de l'ennemi. Le bagages du capitaine et de son lieutenant, abandonnés par les coolies, étaient devenus la proie des Chinois. Des officiers d'une égale énergie, ayant fait aussi leurs preuves, commandaient les deux autres reconnaissances : leurs insuccès avait été pareil.

Mais, enfin, tout allait changer ; nous allions avoir un chef : le lieutenant-colonel Pennequin venait de prendre le commandement de la colonne.

IV

Les Chinois auxquels on s'était heurté occupaient les hauteurs dominant à l'Est la plaine du Halô. D'après les renseignements obtenus aussitôt par le colonel, on put croire que, enhardis par leur succès de la journée, ils allaient descendre durant la nuit vers les villages du Ngoï-Tia. « Ils viennent, disait un

espion, de faire les prières qui précèdent leurs actions militaires. »

Le colonel, dans l'espoir de leur tendre une embuscade, partit donc à la tombée de la nuit. Vers 9 heures, nous arrivons au pied des mamelons; nous nous établissons dans une rizière, le long du chemin que doivent suivre les Chinois, descendant de leur fort.

Mes trente hommes sont postés derrière une petite levée de terre, à 10 mètres du sentier ; un peloton de tirailleurs est à ma droite, et, plus loin, les irréguliers Muongs du colonel. Les indigènes mangent leurs boulettes de riz ; mes troupiers cassent un biscuit et tirent de leur musette un morceau de porc froid ; mais aucun feu de bivouac ; il est même interdit de fumer.

Nous avions dû franchir plusieurs ruisseaux, on était trempé jusqu'à la ceinture, et le froid, une petite pluie incessante, nous faisaient tous grelotter. Le lieutenant des tirailleurs s'approche de moi. « Je n'ai rien pu prendre au retour de ma reconnaissance, me dit-il, as-tu quelque chose à manger ? » Dioc a eu l'idée lumineuse, bien que j'eusse déjà dîné, d'emporter quand même du pain un beefsteak froid, un litre de vin et une petite gourde de tafia. On y fait honneur, puis, en bien nous abritant derrière une couverture, nous fumons une cigarette. Vers 11 heures, je m'étends sur le sol mouillé, que Dioc a couvert d'herbes arrachés sur la digue ; l'étui de mon revolver me sert d'oreiller, et je partage ma grande couverture avec mon camarade, qui en est dépourvu. La pluie tombe de plus belle ; mais bien vite, serrés l'un contre l'autre, nons dormons d'un bon sommeil.

Au jour, nous nous réveillons tout engourdis, tremblants de froid ; à côté de nous, les hommes se lèvent, battant la semelle dans la boue, se secouant pour se réchauffer. Les Chinois n'ont pas bougé. Bien tranquilles, à l'abri dans de bonnes cases, après un bon repas, peut-être souriaient-ils béatement, en fumant leur opium, songeant à ces braves Français qui, couchés sous la pluie, le ventre creux, les attendaient, là-bas, au milieu de la rizière. Je m'approche du colonel, et la Providence m'apparaît sous la forme d'une bouteille de bon cognac, que me tend son officier de renseignements. J'en avale une bonne goulée, et j'appelle mon camarade, qui accourt aussitôt.

Vers huit heures, après avoir reconnu les abords de la position, mais sans attaquer, nous déjeunons dans un hameau désert. Le colonel, suivi de ses coolies muongs, n'est jamais pris au dépourvu ; il nous offre un vrai festin, laissant loin derrière lui ceux de Ñhé-Lô, malgré les radis cultivés avec tant d'amour par le commandant B... et il envoie à mes hommes un cochon tout entier, deux litres de tafia, et deux grandes marmites de café.

M. Pennequin, arrivait avec tous les pouvoirs civils et militaires. Connaissant l'influence qu'avait conservée dans la contrée la famille des Déo-Van-Tri, qui, depuis 1815, règne sur les Seize Chaus, le colonel s'était fait accompagner de deux quan-chaus de Laï et de Maï-Son, frères de Déo-Van-Tri ; le fils même de ce dernier commandait les miliciens muongs. D'ailleurs, dans cette région, qu'il avait commandée récemment, M. Pennequin était aussi respecté qu'aimé des indigènes. Ses proclamations, envoyées dans les villages, amenèrent immédiatement à nous les habitants; les chefs de canton vinrent faire leurs *lays* au colonel; deux jours à peine après son arrivée, nous obtenions tous les coolies, toutes les provisions nécessaires. Le départ du sous-préfet annamite de Déo-Hat, que l'on renvoya à Hong-Hoa, acheva de rassurer les populations, si bien que le chef de canton de Son-Ha, las d'une lutte inégale, et voyant nos forces, fit des ouvertures pour préparer sa soumission.

Mais il fallait, avant tout, chasser les Chinois de la contrée, même tenter de les détruire. Le colonel, avec ses tirailleurs, ses miliciens et ses irréguliers muongs, remonta la vallée du Ngoï-Tia, cherchant à contourner par le Sud le massif montagneux, où s'étaient établis les pirates. Deux autres colonnes allaient occuper les débouchés conduisant vers Déo-Hat; enfin, dans la plaine, on devait faire face aux Chinois, et, le sixième jour, les attaquer de front, de manière à les rejeter sur les Muongs du colonel, gardant derrière leur position tous les sentiers de la montagne.

En attendant cette attaque, je fus envoyé, avec un sergent français et 15 tirailleurs seulement, pour chercher un convoi à Déo-Hat. C'était peu prudent; aussi, à mon retour, le 27 décembre, le commandant de ce dernier poste me fit accompagner par cinquante hommes, jusqu'au passage de Son-Buc. Je venais de descendre dans la plaine et me dirigeais sur Nhé-Lô, qui n'était plus qu'à six kilomètres, lorsque je reçus l'ordre de prendre sur ma gauche, et, longeant le pied des hauteurs, d'aller rejoindre les troupes qui se préparaient à l'attaque du lendemain.

Avec mon sergent et mes quinze tirailleurs, je me dirigeai sur Ban-Kaï. Le colonel, parti depuis six jours, devait avoir occupé, avec ses Muongs, les positions situées derrière le fort chinois. Au nord, nous gardions toutes les routes; on pouvait croire que rejetés sur ces troupes par l'attaque de front, les Chinois chercheraient à se dérober vers la droite et à descendre dans la plaine par le ravin de Ban-Kaï.

Je me plaçai donc dans la montagne, et, après avoir fait quelques abatis sur le sentier, j'attendis patiemment. A huit heures du matin, la fusillade éclatait sur ma gauche. Je reçus quinze nouveaux tirailleurs avec un sergent et l'ordre de me porter en avant. Je le fis; mais le pays était impénétrable; je dus m'arrêter, le soir, et coucher en pleine forêt.

J'avais avec moi de bons guides, le chef du village de Ban-Kaï et quelques-uns de ses hommes, armés de vieux mousquetons à piston; je pus communiquer avec les troupes du commandant G...., qui avaient attaqué; le 28, au matin, on m'envoyait encore 40 Tonkinois avec un sous-lieutenant, 4 sergents et l'ordre d'aller à Ban-Giap, de m'y fortifier, et d'attendre. Je connus alors ce qui venait de se produire.

La colonne G..., celle qui attaquait de front, avait rencontré des difficultés énormes. On grimpait sur un terrain incliné à près de 35°, tandis que, du haut de la côte, les montagnards mans et méos précipitaient sur nos soldats de grosses pierres qui roulaient en bondissant, écrasant les arbustes et blessant quelques hommes. De leur tranchée, les Chinois faisaient un feu très vif, heureusement peu meurtrier, à cause des aspérités du terrain. Arrivé près de la position, il fut impossible de faire avancer les tirailleurs. Cramponnés au sol, ils auraient brûlé toutes leurs cartouches, sans oser se lever et faire un pas de plus. C'est alors que mes hommes, gardés en réserve et conduits par le commandant G..., durent leur passer sur le dos, grimper des pieds et des mains et se jeter sur la tranchée que les Chinois n'évacuèrent que lorsque nous en fûmes arrivés à 20 mètres.

Nons n'avions qu'un soldat français tué, un blessé, deux tirailleurs tués et cinq ou six blessés. L'ennemi, lui, n'avait subi aucune perte. Ces 80 Chinois, qui tenaient 1,100 hommes en échec, allaient-ils tomber enfin au milieu d'une de nos colonnes et se faire massacrer? On l'ignorait encore, mais il fallait garder soigneusement toutes les issues. Remontant la vallée du Halô, et m'engageant dans le long couloir entouré de hautes montagnes, au fond duquel coule le Ngoï-Tia, j'arrivai, le soir, à Ban-Giap avec mes 70 tirailleurs.

Le lendemain, dès le jour, je commençai à m'organiser défensivement. L'enceinte du village, vers le Nord, constituait une fort bonne ligne, que je n'eus qu'à faire un peu aménager; au Sud, je fis couper la route par une tranchée et des abatis; je pus attendre alors en toute sécurité. Les habitants m'avaient aidé dans ces travaux et me fournissaient tous les approvisionnements nécessaires.

Nous occupions, à Ban-Giap, de petites cases élevées sur pilotis. Beaucoup de cagnas du village étaient presque au niveau du sol, et cette agglomération d'une centaine d'habitants présentait un aspect tenant du village annamite et du village muong. Sur les hauteurs, on apercevait des villages méos, dont les habitants, me dit-on, descendaient quelquefois dans la vallée pour y échanger leurs produits, y porter surtout de l'opium qu'il cultivent eux-mêmes sur les sommets. Quelques reconnaissances m'avaient été prescrites. Le 30, je priai mon camarade de remonter le Ngoï-Tia avec 40 tirailleurs et de chercher à pénétrer sur les hauteurs de la rive droite, pour se mettre, si faire se pouvait, en communication avec les détachements muongs du colonel, qui occupaient le massif. Le sous-lieutenant revint, le soir, n'ayant trouvé aucun chemin pour s'engager au milieu d'une forêt impénétrable, qui garnissait toutes les pentes.

Je n'étais pas loin, ai-je dit, de villages méos. Ces Méos, « ces hommes chats, » car, en annamite, *meo* signifie chat, sont parents des Miao-Tze qui peuplent en partie les hauts sommets de trois des dix-huit grandes provinces de la Chine, le Yunnan, le Setchouen et le Quang-Si. Je désirais vivement les voir de près. Profitant de ce que j'étais chargé de reconnaissances, j'envoyai donc vers un de ces villages un émissaire, avertissant les habitants que je me rendrais chez eux, qu'ils n'avaient rien à craindre, et les engageant à ne pas fuir à mon approche. Le 31, au matin, avec

UN TONKINOIS DU PAYS DES CHAUS

(Croquis de Gorcy)

deux sergents français et dix tirailleurs, je franchis le Ngoï-Tia et remontai une petite vallée, en face de Ban-Giap. Pendant deux heures, nous suivons le lit du torrent, au milieu des arbres; puis nous nous engageons dans un petit sentier très roide, à peine fréquenté. De beaux chênes, des bambous, plus haut, des pins, garnissent les pentes escarpées; enfin, nous arrivons aux champs de riz et de maïs des Méos. Il faut monter encore, pour atteindre leur village, et, comme j'ignore leurs dispositions, j'envoie trois habitants de Ban-Giap en avant; bientôt, trois Méos viennent à ma rencontre et me conduisent vers leurs cases. Aucune enceinte n'entoure l'agglomération qu'elles forment, et qui s'élève au milieu des champs de maïs, de chanvre et de pavots. Les cases sont basses, faites de fortes planches grossièrement taillées, recouvertes d'un toit également en planches, et elles ne possédent pas de fenêtres, mais deux portes donnant accès dans un intérieur sombre, au sol de terre battu. Autour de ces habitations, rôdaient des poules, d'énormes porcs, aussi gros que nos cochons d'Europe, des chèvres et des chiens bien supérieurs par la taille aux roquets annamites ou aux chiens muongs, mais ayant, comme eux, le museau pointu.

Le chef du village, venu au-devant de moi, m'avait apporté une poule et quelques œufs; les habitants, néanmoins, s'éloignaient de nous, et ce n'est que lorsque nous fûmes entrés dans une case que quelques-uns s'enhardirent jusqu'à s'approcher. Je leur donnai quelques boîtes d'allumettes, un peu de tafia, et, ce qui surtout leur fit un grand plaisir, quatre ou cinq bouteilles vides que j'avais fait apporter par les coolies, sachant d'avance quel succès elles allaient obtenir. Tous vinrent alors, et les femmes, qui avaient évacué la case où nous étions, y rentrèrent sans crainte.

Ces femmes méos, moins jolies que les Muongs, ont cependant les traits réguliers, le teint blanc; elles aussi conservent les dents sans les laquer en noir. Elles portent le pantalon bleu, la ceinture rayée, une camisole blanche à grand col rejeté en arrière tout à fait semblable à une chemise de matelot. Sous cette camisole, le carré d'étoffe cachant la gorge et rayé de blanc et de bleu complète l'illusion, si bien que, de loin, on les prendrait pour des canotières de Bougival. Quelques-unes portent des anneaux d'argent aux poignets et au cou et de longues boucles d'oreilles en argent ou en jade.

Le costume des hommes n'a rien d'extraordinaire : c'est un cai ao court et un large pantalon. Sur la tête, un gros turban. Leurs cheveux sont tordus en chignons, comme ceux des Thos de la vallée, tandis que les Mans conservent presque tous la queue, à la mode chinoise. Plus au nord, d'autres tribus méos portent la queue; au sud, ceux du Tran-Ninh, aussi, la gardent seule. Ce mode de porter la chevelure n'est guère d'ailleurs un indice de la race. Queue, chignon ou cheveux en brosse n'indiquent pas du tout une parenté avec les Chinois, les Annamites ou les Siamois.

Dans la case où je me trouvais, je remarquai un petit fusil à pierre, avec la crosse recourbée comme celle d'un pistolet, et où de nombreux anneaux de cuivre, de laiton et d'argent réunissaient le bois au canon. Cette arme élégante, au mécanisme fort simple, était en tout semblable à un autre fusil méo, pris aux pillards du Tranh-Ninh, que Bâ-Maï m'avait donné un jour. Les arbalètes en usage parmi ces montagnards sont pareilles à celles des Muongs.

Le village ou j'étais comprenait une trentaine de feux; même dans la vallée, c'eût été une grosse agglomération. Les Méos vivent dans une indépendance presque absolue; ils offrent quelques présents aux seigneurs Thaïs des vallées, mais ont en somme fort peu de rapports, soit avec les autres montagnards, soit même avec leurs frères, qui habitent les sommets voisins. Ils sont fétichistes, me dit-on; mais, bien entendu, dans cette courte visite, je ne pus rien connaître de leurs mœurs.

Nous étions arrivés à midi chez les Méos; après avoir déjeuné avec mes deux sergents, je quittai mes hôtes, surpris sans doute de voir des Français si pacifiques. Nous avions mis six heures pour monter; la descente fut plus rapide, et, à la nuit, j'étais à Ban-Giap, où nous fêtions, par un superbe brûlôt, le premier jour de l'an de grâce 1890, le *Têt français*, disaient les tirailleurs, par analogie avec le Têt, le jour de l'an annamite, qui tombe vers le 1ᵉʳ février, et que l'on célèbre par des prières aux ancêtres, puis des réjouissances de plusieurs jours.

Un ordre m'arriva le lendemain : je devais rentrer à Nhé-Lô. Les Chinois s'étaient sauvés, on ne savait dans quelle direction; pas un seul n'avait pu être capturé par nos troupes qui rentraient toutes à Nhé-Lô et à Déo-Hat. Le 2 janvier, nous quittons Nhé-Lô et allons à Déo-Hat. Le 3 et 4, j'escorte encore un convoi, entre les deux postes, sur cette route de 21 kilomètres, dont je finis par connaître tous les troncs d'arbres. Mais le lendemain, 5 janvier, les Chinois ont été signalés au nord, à Ca-Ving.

Partis avec le colonel, que suivent tous les Muongs, nous nous engageons au milieu d'une série de petites vallées cultivées et séparées par des cluses ou des cols, que franchissent des sentiers épouvantables. Les tirailleurs Muongs, habillés comme nos Tonkinois, mais vêtus de cai ao plus amples et aux larges manches, les miliciens aux vêtements passepoilés de vert, et parmi lesquels les gradés portent des insignes de laine jaune ou d'argent; les irréguliers enfin, avec leurs vêtements de coupe chinoise et leurs larges chapeaux, suivent en file indienne. Ces irréguliers, Pu-Thaïs de Laï-Chau, ont, sous un tel costume, tout l'air de pirates chinois. Comme eux, ils portent la queue, le large pantalon serré par le bas dans des jambières d'étoffe, aussi, quand leurs détachements vont en reconnaissance, ils ne manquent jamais d'arborer, à la vue de nos troupes, un drapeau tricolore qui empêche toute méprise.

Le 6 janvier, nous arrivons à Ca-Vinh, au sein d'une vallée fertile. Là, dans le village construit à la mode muong, et où habitent déja quelques Annamites, nous trouvons installée la colonne du commandant G... Les Chinois sont maintenant sur le cours inférieur du Ngoï-Tia. Mais, grâce à Dieu, je les laisserai, dès ce jour, courir tout seuls : l'ordre vient d'arriver de renvoyer l'infanterie de marine dans le Delta. Sur les 45 hommes que j'avais, au départ de Yen-Bay, il m'en reste 15. Deux sont morts, un a été tué, un est blessé, les 26 autres, restés malades dans les postes, y sont encore ou ont été évacués sur les hôpitaux. L'allégresse de ces quinze malheureux est impossible à décrire, quand je leur annonce que, le lendemain, nous partons pour rentrer à Yen-Bay; puis, de là, à Sontay, où se trouve maintenant notre compagnie.

De Ca-Vinh au Fleuve Rouge, en longeant le Ngoï-Lau, il y a 34 kilomètres. Tantôt on parcourt des rizières, au milieu d'une petite vallée, tantôt on s'engage dans un couloir de rochers, défilé étroit, au fond duquel coule la rivière, et où parfois nous devons nous aider des pieds et des mains, pour avancer parmi ces blocs de marbre bouleversés jadis par les eaux. Mais tout le monde à hâte de voir le Fleuve Rouge, si bien qu'en une seule journée, les 34 kilomètres sont franchis. Il est six heures; la nuit tombe rapidement, lorsque, à un détour du sentier, les tirailleurs de l'avant-garde poussent des exclamations joyeuses : devant nous se profilent sur le ciel les parapets et les casernes de Yen-Bay. Le bac et les jonques viennent nous chercher; une demi-heure après, tout le monde est installé au fort.

C'était donc fini pour nous, cette expédition. Nous allions regagner le Delta; toutefois, longtemps encore, les Chinois devaient tenir la campagne et continuer à nous infliger des pertes cruelles.

Frédéric GARCIN

JEUNE FILLE DU PAYS DES CHANS